AF368250

Né en 1989 à Paris, j'ai exploré plusieurs métiers, allant de fromager à agent immobilier. Ces expériences ont enrichi ma compréhension des relations humaines et éveillé en moi le désir d'écrire.

Mon premier ouvrage, *Bienveillance*, reflète ce parcours et propose une réflexion sincère sur les relations humaines et la manière dont elles façonnent nos vies.

Bienveillance

Walid TALAOUANOU

ISBN : 978-2-9594398-0-3

Tables des Matières

Cultiver la bienveillance, c'est cultiver l'empathie, le respect et le désir du bien de l'autre pour bâtir un monde meilleur.

Chaleur dans l'Ombre

Sous l'aube voilée d'un jour frémissant,
Un regard se pose, tendre et apaisant.
Il saisit en silence les peines dissimulées,
Et, sans un mot, délivre les cœurs enchaînés.

Un souffle discret parcourt les sentiers,
Comme un doux écho, un murmure léger.
Sans éclat ni bruit, il glisse sans hâte,
Laissant sur les âmes une paix délicate.

Dans l'ombre mouvante, une main se tend,
Elle devine, console, en un instant.
Elle dissipe les peurs, calme les tourments,
Tel un phare éclairant les vagues des errants.

Ces gestes subtils, légers comme l'air,
Ouvrent des chemins oubliés par hier.
Quand tout semble éteint, une flamme renaît,
Et dans l'obscurité, une lumière paraît.

L'Aube des Souffles

Un sourire éclaire un sentier assombri,
Une main se tend à travers la brume voilée,
Des mots légers, comme des souffles choisis,
Allègent les cœurs où la douleur s'était installée.

Dans le silence, un regard se pose,
La tendresse effleure chaque geste discret,
Un souffle doux efface le poids morose,
Et dans l'ombre, un espoir doucement renaît.

Les peines se fondent en soupirs évanouis,
Quand l'âme s'ouvre, secret libéré,
Le monde scintille d'éclats assouvis,
Chaque instant devient lumière partagée.

Ainsi, sans un bruit, surgit une chaleur vive,
Dans l'échange subtil d'une clarté épanouie,
Le vent susurre une mélodie furtive,
Et le ciel s'ouvre à la douceur infinie.

L'Aurore Silencieuse des Cœurs

Au fond des cœurs, une clarté s'élève,
Silencieuse et tendre, elle dissout la nuit,
Éclairant les chemins d'un éclat qui s'achève,
Elle réveille l'espoir quand tout s'enfuit.

Elle glisse sans bruit, semblable à la brume,
S'infiltrant doucement dans les plis des douleurs,
Offrant son éclat sans chaînes ni enclume,
Un souffle léger qui délivre les cœurs.

Quand le froid enserre les âmes isolées,
Elle surgit, discrète, fidèle et profonde,
Tel un chuchotement venu les consoler,
Un geste invisible qui doucement inonde.

Elle ne retient rien, ne fait que semer,
Son passage est léger, mais sa force est immense,
Sous son éclat caché, les vies sont changées,
Diamant enfoui dans le creux du silence.

L'Alliance des Silences Éclairés

Au creux des âmes, une flamme s'éveille,
Un souffle secret qui doucement se mêle.
Chemin invisible, tissant sans contrainte,
Un geste offert, pur reflet sans éteinte.

Dans l'éclat des yeux, des reflets à percer,
Des gestes murmurés, empreints de vérité.
L'esprit s'élargit, s'ouvrant sans détour,
Écoutant l'écho d'un silence trop lourd.

La quête d'une sagesse hors du temps, sans fin,
Nous éclaire, guidant chaque pas incertain.
Un souffle léger nous porte vers l'éther,
Où les cœurs vibrent, unis dans la lumière.

Au-delà des mots, un lien d'or se tisse,
Un murmure unit des âmes complices.
Langage caché, promesse d'un matin,
Chant d'un monde en paix, où l'amour est chemin.

L'Aura des Sentiers Discrets

Il avance en silence, éclat tamisé,
Ses pas frôlent la terre sans l'ébranler,
Sur des routes cachées, où s'effacent les peines,
Un souffle apaisant effleure les âmes sereines.

Sa paix discrète dissipe les ténèbres,
Et chasse les doutes que la nuit célèbre,
Sans geste apparent, il ravive l'espoir,
Illumine les cœurs aux portes du soir.

Un souffle délicat, promesse d'apaisement,
Sous des cieux voilés, sa lumière s'étend,
Sans rien attendre, il offre une main légère,
Libérant les âmes de leurs chaînes amères.

Silencieux, il éclaire les esprits perdus,
Sous l'horizon calme, il guide vers l'inconnu,
Tel un vent d'été qui, en douceur, murmure,
Invisible soutien, force toujours pure.

L'Aura des Songes

Sous un voile aux nuances changeantes,
Elle avance, sereine et discrète,
Son souffle frôle, brise apaisante,
Les âmes en quête, loin des tempêtes.

Dans ses pas, un élan silencieux,
Ni espoir, ni promesse à saisir,
Elle diffuse un éclat précieux,
Dissipant l'ombre sans mot dire.

Muette, elle éclaire les détours,
Guide l'errant dans la pénombre,
Son essence rallume sans détour,
Les feux vacillants sous l'encombre.

Invisible, elle effleure la vie,
Comme un souffle aux premiers rayons,
Son passage apaise et ravit,
Dissolvant les peines sans nom.

L'Embrasement des Murmures Tissés

Sous l'éclat d'un regard, l'étreinte se forme,
Dans le silence doux, l'âme prend sa norme,
Un geste léger dissipe le chagrin,
Et fait fleurir des rires comme un matin.

Un souffle tranquille écarte les douleurs,
Refuge intime où renaissent les cœurs,
Les voix s'unissent en un chant suspendu,
Tissant à l'unisson des liens inattendus.

Les jours s'écoulent, fil immuable et fin,
Portant en leur sillage des éclats divins,
Un lien fragile, pourtant si résistant,
Traversant les saisons, fidèle et constant.

Flamme douce éclairant l'obscurité,
Sous son éclat, les ombres sont dissipées,
Elle trace un chemin sûr et éclatant,
Et fait naître en nos âmes un jour rayonnant.

L'Empreinte Cachée des Murmures

Dans le pli d'un sourire esquissé,
Un geste, furtif, passe en silence,
Comme la brume qui se dissipe,
Laisse entrevoir l'éclat d'une chance.

Sous la lourdeur des jours passants,
Une main, invisible, s'avance,
Soutient ceux que la vie fatigue,
Sans éclat, mais pleine de constance.

Dans l'ombre d'un regard apaisé,
Un souffle chaud, imperceptible,
Rassure, adoucit sans un mot,
Et dissout les doutes inflexibles.

Sans attente, sans éclat de voix,
Elle éclot, lumière infime,
Léger poids sur l'âme troublée,
Fil d'or qui rend la route intime.

L'Empreinte des Souffles Silencieux

Un sourire discret, à peine esquissé,
Un geste fragile, presque effacé,
Un regard limpide, tendrement lancé,
Allège les cœurs de leur fardeau blessé.

Dans le tumulte des rues, où tout se bouscule,
Un éclat traverse, silencieux véhicule,
Un instant figé, doux et minuscule,
Apaise les âmes, et le bruit recule.

Un vieillard hésitant, une main qui éclaire,
Un enfant perdu, une parole sincère,
L'instant où la crainte se fond dans l'éther,
Et la paix s'installe, comme une lumière claire.

Deux pas réunis sur un chemin voilé,
Deux étrangers marchant, doucement mêlés,
Dans ce silence, tout semble éveillé,
Le monde, d'un souffle, renaît apaisé.

L'Éclat des Ombres Apaisées

Sous l'éclat des astres, une flamme imperceptible,
Illumine en secret l'âme abandonnée,
Ses gestes sont légers, son souffle insaisissable,
Elle calme la tempête, apaise l'eau troublée.

Son regard pénètre sans briser ni forcer,
Offrant en silence un doux chant intérieur,
Tissant dans l'ombre des lueurs pour effacer,
Les peines enfouies au creux du noir des cœurs.

Sans éclat ni promesse, elle répand la lumière,
Avançant en secret sur des sentiers cachés,
Et là où ses pas effleurent la poussière,
S'épanouit une fleur, brillante et délicate.

Sans un mot, sans un geste, elle soulage et porte,
Ses mains invisibles délient le fardeau,
Elle soutient le poids du monde qui se tord,
Traçant un chemin où renaissent les héros.

L'Éclat du Silence

Un sourire naissant illumine l'horizon,
Une clarté tranquille dissipe les tourments,
Un souffle apaisant fait taire les frissons,
Comme une main qui guide, douce et réconfortante.

Les regards se croisent sans poids, ni jugement,
Les mots, tels des murmures, caressent les âmes,
Des gestes imperceptibles, portés par le vent,
Tissent des liens profonds, invisibles, mais calmes.

Telle la pluie d'été sur des jours embrasés,
Ou l'ombre protectrice au creux de la lumière,
Elle surgit sans éclat, discrète, apaisée,
Semant un doux éclat dans les cœurs éphémères.

Quand l'orage s'annonce, elle apaise, elle veille,
Comme un ruisseau limpide sculptant le silence,
Sans jamais réclamer, elle demeure fidèle,
Et dans son sillage naît une tendre présence.

L'Éclat Silencieux des Âmes

Dans l'ombre d'un instant, un souffle s'élance,
Une main furtive effleure l'horizon,
Là où vacille l'épreuve, un geste en balance,
Tisse, sans bruit, une secrète union.

Un éclat discret, lueur évanescente,
Traverse l'invisible, franchit les sentiers,
Le cœur s'ouvre, porté par cette force latente,
Un pas presque muet rassure les derniers.

Sous des cieux voilés, un murmure apaise,
L'inconnu devient reflet de vérité,
Un souffle léger dissipe toute braise,
Et la tempête meurt dans la sérénité.

Dans la nuit obscure, une étoile guide,
Un fil délicat se tisse entre deux âmes,
Sans un mot, le monde en silence se dévide,
Le calme s'épanouit, effaçant le drame.

L'Écho Secret des Aurores

Dans l'éclat d'un regard, un reflet rassurant,
S'esquisse un doux sourire, discret et sans retour,
Les mains ouvertes tracent un chemin apaisant,
Et l'âme se repose dans la tendresse du jour.

Sous le voile d'un ciel où la clarté se meurt,
Un geste s'épanouit, léger comme un secret,
Il porte en son silence une chaleur intérieure,
Réconfortant les cœurs qui s'ouvrent en retrait.

Ce n'est pas pour la gloire ou pour les compliments,
Mais dans l'ombre s'élève, invisible et sincère,
Un élan délicat, humble, sans ornement,
Qui murmure aux esprits l'espoir d'un jour prospère.

Ainsi germe, en secret, un monde renouvelé,
Où chaque battement éveille l'univers,
Chaque souffle, chaque pas, une douce clarté,
Semant des fleurs d'espoir aux confins de l'hiver.

L'Écho des Lueurs Voilées

Fleur discrète aux reflets de brume,
Elle s'épanouit dans l'écrin du silence,
Sans éclat ni faste qu'on présume,
Offrant sa tendresse avec élégance.

Comme un souffle doux dans le vent,
Elle adoucit les cœurs tourmentés,
Effleurant de son éclat bienfaisant,
Les âmes que le temps a marquées.

Un regard furtif, un geste ample,
Sans éclat mais empli de douceur,
Dissipe les ombres, apaise le temple,
Et fait renaître l'âme en chaleur.

Sans quête de gloire ni éclat doré,
Elle tisse en secret son fil d'argent,
Semant une lueur sans jamais errer,
Rendant chaque instant plus apaisant.

L'Élan des Murmures

Dans l'écho des jours où le silence s'étire,
Quand les cœurs avancent, sans crainte de fléchir,
Un geste discret, doux comme un souffle d'air,
Réchauffe l'âme d'un voyageur perdu.

Une main se tend, légère et invisible,
Et le regard, limpide tel l'azur serein,
Un sourire naît, sans espoir de retour,
Offrant un instant de paix suspendue.

Sans éclat ni serment, l'acte simple fleurit,
Sur le sentier des âmes en quête de clarté.
Sous l'ombre des doutes, une force se tresse,
Et dans le silence, un élan s'élève.

Ainsi, chaque pas, fragile mais constant,
Dessine un chemin où la lumière s'invite.
L'univers murmure en brise apaisante,
Porté par l'élan d'un don silencieux.

L'Essence Murmurée

Dans l'ombre d'un cœur qui doucement s'enflamme,
Un brasier discret, vibrant mais éternel.
Sans mot, sans éclat, ni louange en écho,
Un souffle s'élève, doux et essentiel.

Nulle gloire attendue, ni vanité prise,
Un don sans retour, humble et invisible.
À travers les gestes, et les silences d'or,
Se révèle une force subtile, indicible.

Un parent veille, le regard apaisant,
Un ami offre son temps avec patience,
Un soldat protège un sol qu'il connaît bien,
Un soignant apaise des âmes en souffrance.

Dans ce flux serein, des âmes se rejoignent,
Sous des actes simples, jaillit une lumière,
Tissant des liens précieux et indélébiles,
Un souffle imperceptible qui éclaire la terre.

L'Éveil des Lueurs Cachées

Une lueur douce, une main qui console,
Un regard profond, là où l'âme s'envole.
Le cœur s'élève, sans espoir de retour,
Et l'ombre recule, dissoute dans l'amour.

Un souffle paisible, présence apaisante,
Des gestes muets, aux âmes réconfortantes.
Sans attendre un merci, ni désir de grandeur,
La force se livre, discrète dans sa chaleur.

Comme un vent léger caressant l'horizon,
L'esprit s'étend, bannissant l'abandon.
Un geste offert, dans un silence doré,
Emplit chaque être d'un bonheur partagé.

Sans mot superflu, l'action fait sa lumière,
Elle éclaire la voie, franchit les barrières.
Une flamme timide, d'une pure clarté,
Monte vers les cieux, où l'espoir est gravé.

L'Éveil des Murmures

Sous l'écrin nocturne, une main se déploie,
Tel un souffle discret, sans bruit ni émoi,
Elle frôle les cœurs, allège les douleurs,
Sans geste apparent, elle éclaire en douceur.

Elle porte en silence un secret clément,
Quand le monde vacille sous le poids du temps,
Son ombre répare, apaise les blessures,
Effaçant la trace des heures trop obscures.

Elle offre un espoir au bord des précipices,
Dans l'ombre des erreurs, elle tisse ses fils,
Elle croît en silence, bâtissant des cimes,
Où le mal s'efface sous la lueur sublime.

Invisible aux yeux, elle traverse les jours,
Donnant sans éclat, s'épanouissant sans détour,
Dans les âmes troublées, son murmure patient,
Sème un chemin sûr, éternel et rassurant.

L'Éveil des Murmures Éthérés

Sous l'ombre douce d'un ciel apaisé,
Un sourire naît, reflet insensé.
Les regards se croisent, éclairs éphémères,
Un geste léger, promesse de lumière.

Le vent chuchote, souffle apaisant,
Traçant des chemins de calme éclatant.
Chaque pas effleure, la légèreté fleuri,
Un souffle tiède enlace l'instant qui s'épanouit.

Sans mot, les cœurs se reconnaissent,
Un lien secret unit une lueur pure.
Dans cet échange plein de tendresse,
Se dévoile l'éclat d'un éternel murmure.

Un souffle serein envahit l'espace,
Les gestes se fondent, précis, efficaces.
Et cette douceur, invisible et vraie,
Embellit le monde, floraison de paix.

L'Éveil des Ombres Partagées

Sous l'ombre des chênes, nos regards se frôlent,
Chacun porte son fardeau, sans un mot, sans éclat,
Les différences s'estompent, les cœurs s'affranchissent,
Tel un souffle apaisant qui doucement s'en va.

Le vent chuchote et dissipe les peurs furtives,
Les murs que l'on dresse se délitent en silence,
Un regard partagé fait tomber les défenses,
Dans cet espace libre, l'âme devient plus vive.

Les sentiers sont multiples, mais tous mènent ici,
Où l'éclat de l'autre éclaire sans détour,
Un pas se fait léger, sans contrainte ni bruit,
Côte à côte, on avance, abolissant les jours.

Ainsi naît ce lien, invisible et sincère,
Dans l'écoute profonde où chaque voix se pose,
Là où l'aube surgit d'une âme solidaire,
Sous la vaste clarté, l'étoile qui repose.

L'Éveil des Silences lumineux

Ô lueur fragile dans l'aube vacillante,
Éclat furtif au cœur qui s'éveille,
Tu ravives les âmes d'une main bienfaisante,
Chassant l'ombre d'un geste qui émerveille.

Comme une brise sur des terres arides,
Ton souffle réchauffe sans heurt ni détour,
Tu enveloppes les cœurs, d'un geste limpide,
Transformant la froideur en doux velours.

Sous tes yeux, les larmes s'effacent légères,
Comme des vagues effleurant un rivage,
Sans un mot, tu offres, en silence sincère,
Un apaisement tendre aux esprits en naufrage.

Invisible, mais toujours là, présente,
Ton essence répand une paix infinie,
Dans ton sillage, une mélodie flottante,
Unit les êtres dans une douce harmonie.

L'Éveil des Souffles Cachés

Dans le silence, un souffle fin se glisse,
Un vent léger, subtil et mystérieux,
Il trace en secret des chemins qui s'esquissent,
Révélant l'éclat d'un ciel silencieux.

L'air frôle les âmes, sans bruit, sans éclat,
Portant des promesses douces, invisibles,
Comme des murmures que nul n'entendra,
Guidant des cœurs éteints vers l'impossible.

Il n'aspire ni aux louanges, ni aux cris,
Mais étreint l'invisible avec tendresse,
Par des gestes muets, sans bruit ni répit,
Il éclaire des vies d'une douce caresse.

Sous ce souffle discret, un monde s'éveille,
Soulevant l'inconnu, tissant des destins,
Un courant caché, fragile, sans pareil,
Qui unit, en silence, des cœurs en chemin.

L'Harmonie des Silences Éveillés

Un pont entre les âmes, des gestes qui s'entrelacent,
Léger, le cœur s'apaise quand les mains se rejoignent.
Le regard dévoile ce que les mots ne saisissent,
L'ombre s'éloigne, laissant place à l'éclaircie.

Le fardeau partagé devient souffle léger,
Un sourire furtif éveille mille univers,
Les pas se font plus doux, effaçant les douleurs,
Loin des discours vains, un calme s'installe.

Une clarté diffuse transperce l'obscurité,
Sous les voiles de l'esprit, une étincelle persiste.
Sans un mot échangé, des liens profonds se créent,
Un espace s'ouvre, où les craintes se dissipent.

Le secret d'un échange, sans bruit, sans éclat,
Un souffle apaisant dissout les tourments,
Les cœurs vibrent à l'unisson, dans une paix sereine,
Élevant chaque être, dans l'éclat d'un instant.

L'Harmonie des Souffles Invisibles

Dans l'éclat d'un sourire discret,
Un élan doux, calme et limpide,
S'imprime dans l'air, en secret,
Comme un souffle paisible et fluide.

Les cœurs se croisent, sans un mot,
Guidés par l'éclat des regards,
Dans ce ballet vibrant et chaud,
Où l'âme avance sans égard.

Des mains, confiantes, s'effleurent,
Traçant des liens de clarté,
Et l'air, sous leur douceur demeure,
Embaumé par l'éternité.

Un souffle caché se déploie,
Ouvrant des sentiers lumineux,
Là où l'ombre cède la voie,
Au partage silencieux.

L'Offrande Secrète de l'Aurore

L'aube effleure des sentiers effacés,
Sous un ciel limpide, un souffle anodin,
Des gestes voilés, par l'ombre tracés,
Caressent les cœurs d'un murmure certain.

Dans le silence, une main se tend,
Présence discrète, au-delà des mots,
Un souffle secret, doux et résonant,
Parcourt l'espace, semblable à l'écho.

Ce geste invisible n'attend aucun retour,
Éternel, il défie le temps et les saisons,
Il éclaire l'esprit d'un éclat sans détour,
Là où l'ombre se dissout sans raison.

Semons ces lueurs sur nos chemins égarés,
Leur éclat grandira sous chaque pas,
Même dans la nuit, elles sauront briller,
Illuminant le monde d'un doux éclat.

L'Ombre des Souffles Éclatants

Sous l'ombre douce d'un regard voilé,
Un geste devance, avant que tout ne naisse,
Sans bruit, sans éclat, tel un souffle enjoué,
Il éclaire un sourire en toute finesse.

Sur des chemins que nul n'a forgés,
Il capte les frissons des cœurs battants,
Face aux tourments, sans jamais plier,
Il élève l'âme, doucement, sans tournant.

Comme un vent léger frôle la peau,
Il chasse les doutes d'une caresse,
Invisible, mais toujours là, sans mot,
Sa chaleur rassure, avec délicatesse.

Ainsi, il donne sans rien dévoiler,
Pénètre les besoins sans un bruit,
Présent, mais jamais à s'imposer,
Tel un astre caché dans la nuit.

L'Ombre des Souffles Murmurés

Une brise douce apaise les tourments,
Un regard capte l'écho des silences,
Un geste léger, empreint de sentiments,
Dénoue les chaînes de l'âme en errance.

Écouter l'appel discret des ombres,
Sans juger, seulement saisir l'instant,
Accueillir la faille, cette part qui sombre,
Offrir une présence, un souffle constant.

Un miroir serein reflète l'invisible,
Éclaire les contours d'un monde enfoui,
Tisse en secret des liens imperceptibles,
Guide l'esprit vers l'infini assouvi.

Là où l'âme vacille, se cache et hésite,
Un espace s'étend, libre de toute loi,
Un refuge intime où l'on se délite,
Et laisse la lumière prendre le pas sur soi.

L'Onde des Douceurs Cachées

Un sourire éclatant, doux rayon réconfortant,
Un geste discret, réchauffant et apaisant.
Sans un mot, l'âme en secret se console,
Comme un souffle reposant qui doucement s'envole.

Loin du bruit, elle brille d'une lueur tranquille,
Chaleur imperceptible, qui bannit l'hostile.
Un regard sincère, une main protectrice,
Efface les tourments, dissipe les malices.

Rivière profonde aux flots régénérants,
Elle coule en silence, s'échappe calmement.
Elle nourrit le cœur, l'élève en douceur,
Comme un murmure tendre qui sème la vigueur.

Quand l'espoir se fane, que l'ombre s'étend,
Elle devient refuge pour l'âme en mouvement.
Présence invisible, force tendre et fidèle,
Elle éclaire le chemin d'une lumière éternelle.

L'Étreinte des Ombres Lumineuses

Loin des clameurs et des échos fugaces,
Une douceur tranquille apaise les cœurs lourds.
Son regard transperce les ombres tenaces,
Et dans ce silence, l'âme trouve recours.

Sous ses mains légères, les poids s'évaporent,
Les cœurs blessés se relèvent, apaisés.
Sans un mot, elle tisse un fil qui restaure,
Guidant chacun vers des jours de paix.

Quand tout s'effondre et que l'ombre s'étire,
Elle offre un refuge, fait de gestes voilés.
Sous sa chaleur, les ténèbres expirent,
Révélant la paix aux âmes égarées.

Jamais elle n'annonce sa tendre intention,
Pourtant sa lumière éclaire chaque voie.
Comme l'étoile qui veille à l'horizon,
Elle dessine un chemin vers des jours de foi.

L'Étreinte des Silences Étoilés

Un regard tendre frôle l'horizon lointain,
Une main se tend, furtive et délicate,
Sans un mot, elle calme les vents incertains,
Sous l'éclat de la lune, immuable et intacte.

Un souffle léger apaise les douleurs,
Écho d'un cœur vibrant aux teintes subtiles,
Comme un rayon doré chassant les peurs,
Il caresse les âmes, silencieux, fragile.

Le silence étreint plus fort que les discours,
Présence subtile, mais toujours attentive,
Dans l'ombre, elle éclaire, tel un fin velours,
Étoile lointaine, infinie et furtive.

Sous le ciel tranquille, tout devient paisible,
Elle traverse le temps, invisible étreinte,
Avec elle, la nuit devient indicible,
Et laisse un éclat doux, une clarté feinte.

L'Étreinte des Ombres Silencieuses

Dans l'ombre où tes larmes rejoignent la nuit,
Ton souffle vacille sous le poids du chagrin,
Je tends ma main, discrète dans l'infini,
Pour alléger ce fardeau sans lendemain.

Tel un oiseau perdu cherchant son abri,
Quand les vents arrachent son nid en plein ciel,
Je reste là, murmure presque inouï,
Présence sereine, abri immatériel.

Les épreuves sont des ombres éphémères,
Derrière le voile, luit un éclat persistant,
En silence, je veille, attentif et sincère,
Portant l'espoir d'un apaisement constant.

Dans ce calme où les mots semblent impuissants,
Je t'accompagne, discret mais protecteur,
Un écho fidèle, bien que presque absent,
À tes côtés jusqu'à la dernière heure.

L'Étreinte du Silence

Elle soulève un voile, souffle apaisé,
Geste imperceptible, brise douce et aimante,
Sur des terres désertes où le vent brisé
S'attendrit, caressé par l'aura éclatante.

Un murmure léger glisse entre les âmes,
Offrant l'espoir dans ses ailes discrètes,
Elle tisse en silence, sans bruit ni drame,
Réchauffant les cœurs, effaçant les tempêtes.

Son ombre avance, chassant les douleurs,
Phare invisible dans l'obscurité,
Elle éclaire les âmes, loin des rumeurs,
Sans jamais attendre un signe de clarté.

Force silencieuse qui calme le temps,
Sans cri, sans écho, ni plainte amère,
Elle sème la paix, souffle bienfaisant,
Laissant dans l'air une trace éphémère.

L'Étreinte Silencieuse des Étoiles

Dans l'ombre sereine où l'âme s'incline,
Un souffle secret s'élève sans bruit,
Effleurant l'air, tel un voile d'aubépines,
Semant sa lumière aux cœurs attendris.

Un regard tranquille, chargé de clarté,
Efface les peines, dissipe les pleurs,
Comme une brise apaise l'immensité,
Sous son doux éclat, se taisent les heures.

Les gestes légers, éclairs lumineux,
Dessinent l'invisible avec adresse,
Tissant des liens d'un fil gracieux,
Sur chaque visage, une douce caresse.

Et dans le silence, loin des regards,
Elle éclaire en secret, étoile discrète,
Sans un murmure, elle trace l'espoir,
Laissant son empreinte à jamais parfaite.

L'Étreinte Silencieuse du Souffle

Souffle apaisé dans la brise tranquille,
Un rayon de jour perçant les cieux cléments,
Lumière veloutée, douce et immobile,
Berce l'âme en quête d'un paisible moment.

Fleur sauvage, s'épanouit en silence,
Effleurant l'existence d'un geste léger,
Sans quête de gloire, ni besoin de défense,
Elle offre au monde son éclat partagé.

L'oiseau prend son envol vers l'immensité,
Le ruisseau murmure une douce rengaine,
Dans la nature, s'installe l'harmonie innée,
Un univers serein, libéré de peine.

Accueil discret, fait d'une douce lueur,
Ni combat, ni effort, juste une présence,
Un lien invisible, tissé par le cœur,
Où chaque être trouve enfin sa délivrance.

La Caresse Silencieuse des Vents

Ô douce présence, regard réconfortant,
Lueur discrète dans l'ombre vacillante,
Tu soulèves les âmes, les portant doucement,
Ton souffle léger apaise et enchante.

Dans le fracas d'un monde désordonné,
Ton murmure éveille des sourires perdus,
Réparant en silence ce qui fut brisé,
Une brise subtile là où tout s'est tu.

Tel un ruisseau paisible, tu nourris la terre,
Changeant les cieux sombres en aubes argentées,
Dissipant la tempête d'un geste éphémère,
Sous tes pas sereins, tout se voit apaisé.

Force invisible effaçant les douleurs,
Sans bruit, sans combat, tu refaçonnes le temps,
Guidant les âmes errantes vers des jours meilleurs,
Offrant sans compter un espoir rayonnant.

La Danse des Lueurs Secrètes

Dans l'ombre, un sourire éclaire l'âme,
Un geste léger, porteur d'une flamme,
Sans chercher retour, il tend les deux mains,
Et apaise les cœurs rencontrés en chemin.

Un regard paisible, doux comme le vent,
Dissipe les peurs, calme en un instant,
La tendresse invisible effleure sans bruit,
Réchauffant les vies que la nuit poursuit.

Sans un mot, une main étreint l'autre, l'apaisa,
Dans le silence, elle murmure : « Je suis là »,
Les douleurs se dissipent, les ombres s'en vont,
Et l'horizon s'ouvre, éclairé d'un pardon.

Ainsi, la lumière glisse entre les cœurs,
Ignorant la gloire, pure dans son labeur,
Elle éclaire celui que le sort accable,
Et dans l'ombre des cœurs, dessine l'impalpable.

La Danse des Silences Éclairés

Dans l'œil de l'autre, je perçois une brume,
Un éclat secret que le silence exhume,
Une lueur tendre au creux des soupirs,
Éclair vibrant où l'âme vient s'ouvrir.

Sous le poids des jours, un souffle discret,
Effleure l'air comme un chant murmuré,
Un fil impalpable, sans un mot, console,
Et tisse, en silence, un lien qui cajole.

Quand les heures sombrent dans l'ombre du soir,
Un geste effacé réveille l'espoir,
Non par devoir, mais d'un simple regard,
Offrant en secret l'éclat d'un hasard.

Ainsi grandit cet élan sincère,
Dans la moindre offrande que l'on sait taire,
Un pont fragile, invisible, se tresse,
Où naît doucement la tendre promesse.

La Mélodie des Gestes Murmurés

Dans un havre où les âmes s'enlacent,
Une lueur baigne en silence les mains.
Un regard profond, sans détour, s'efface,
Guidant l'esprit vers un paisible chemin.

Comme la brise qui frôle l'horizon,
Des gestes naissent, précieux et fragiles.
Ils dénouent les chaînes de nos illusions,
Sans éclat, mais touchent l'âme subtile.

Sur un visage marqué par le temps,
Se lève une clarté, vive et apaisante.
Sans raison visible, juste en l'instant,
Un souffle secret éveille l'errante.

Invisible, elle traverse les frontières,
Elle tisse en douceur des liens indomptés.
Elle nous emporte dans des danses légères,
Unissant nos cœurs en harmonies mêlées.

La Mélodie des Lueurs Cachées

Tu es l'éclat qui fend les ombres denses,
Souffle secret, porteur d'éternité,
Sans un son, tu ranimes l'existence,
Et réchauffes les cœurs désemparés.

Tel un phare au cœur de la brume,
Portant l'espoir dans tes paumes ouvertes,
Tu dessines des chemins qui s'allument,
Sur des terres jadis désertes.

Dans tes pas, le monde se lie,
Pont fragile suspendu aux cieux,
Sans masque, tu révèles l'harmonie,
Offrant ce qui rend radieux.

Par toi, le temps doucement s'apaise,
Les ombres fuient, le jour renaît,
Invisible, tu souffles ta braise,
Et la lumière enfin paraît.

La Résonance des Souffles Cachés

Sous un ciel aux nuances limpides,
Un souffle doux, furtif, léger,
Effleure l'ombre, âme impavide,
Et veille en silence, sans bouger.

Dans l'éclat d'un sourire discret,
Un mystère éclot sans un bruit,
Comme un écho tendre et secret,
Qui guide l'esprit hors de la nuit.

Des mains muettes, en leur silence,
Dessinent des gestes floutés,
Là où les mots perdent leur danse,
Un fil d'argent lie les passés.

Au creux du vent, presque inaudible,
Une caresse effleure la peau,
Et dans l'instant fragile, indicible,
L'espoir s'élève, murmure de renouveau.

La Révélation des Lueurs Invisibles

Une étincelle éclot dans un geste discret,
Tel un souffle qui apaise les flots tourmentés,
L'instant se fige, le cœur se libère,
Quand l'ombre se dissipe sous la clarté d'un secret.

Une brise légère effleure l'âme lassée,
Offrant un abri aux cœurs fatigués,
Comme un vent doux qui rafraîchit les terres arides,
Elle apaise les douleurs que le temps a creusées.

Elle avance, silencieuse, ombre secourable,
Transformant les destins sans bruit ni éclat,
Comme l'aube douce qui colore l'horizon,
Elle surgit là où l'espoir se dévoile en secret.

Quand la nuit pèse, longue et oppressante,
Elle s'insinue, sincère et profonde,
Dans un regard, un geste, presque imperceptible,
Elle ravive la flamme là où tout semble sombrer.

Le Ballet des Souffles Cachés

Une brise légère, souffle d'innocence,
S'insinue dans l'air, furtive et en silence.
Le geste discret, mais intensément paisible,
Effleure les cœurs, libérant l'indicible.

Sous l'éclat tremblant du soir qui s'étiole,
Un sourire hésitant réchauffe sans paroles.
Sans attente, ni retour espéré,
Il tisse en secret un lien sacré.

Dans l'ombre apaisée, une main se tend,
Rassurant celui que l'angoisse attend.
Sous l'infini ciel, jaillit un éclat clair,
Un mouvement pur, gravé dans l'éther.

Sans diadème, sans titre, elle demeure là,
S'immisçant sans bruit, invisible parfois.
Elle danse, imperceptible, au détour d'un regard,
Tracée dans l'aube, promesse du hasard.

Le Chant des Ombres Secrètes

Dans l'ombre des cœurs, un souffle doux se glisse,
Un secret que l'instant dévoile sans effort.
Le poids des jours s'efface, dans la paix se hisse,
Quand l'aube argentée éclaire les corps.

Un pas silencieux, baigné de tendresse,
Ranime en douceur l'éclat d'un espoir clair.
L'âme s'ouvre, sereine, délivrée de tristesse,
Et là où régnait l'ombre, la lumière éclaire.

Des gestes invisibles, plus légers qu'une brise,
Flottent sur le temps, apaisant les tourments.
Dans leur sillage, une harmonie se précise
Résonnant d'une force qui traverse le temps.

Ainsi, sans éclat, sous un ciel lumineux,
Se trace en secret un sentier apaisé.
Les fils d'or tissés, en silence gracieux,
Et fleurissent doucement dans les cœurs éveillés.

Le Chuchotement Lumineux

Un sourire tendre, un regard éclatant,
Une main qui réchauffe l'instant partagé,
Des mots légers, délicats comme le vent,
Un geste apaisant, discret et empli de paix.

C'est un fil secret tissant des destinées,
Un souffle effaçant les tourments du matin,
Une lueur perçant les ombres confinées,
Offrant à l'âme un abri sans fin.

Elle éclaire les cœurs d'un souffle réchauffant,
Un éclat discret, plus doux que la rosée,
Un don silencieux, fragile mais constant,
Qui berce les esprits, effaçant les pensées.

Sans un murmure, elle éveille les cœurs,
Elle éclaire les routes, dissout les rancœurs,
Semée en silence, elle s'épanouit lentement,
Apportant à chacun un bienfait éclatant.

Le Murmure des Cœurs Éclairés

Un regard léger qui jamais n'accable,
Des mains tendues sans rien réclamer,
Sous un ciel sombre, un sourire aimable,
Cœur grand ouvert, fait de soie et de paix.

Quand le vent hurle et que tout chancelle,
Un mot fragile réchauffe la clarté,
Dans l'ombre naît une flamme éternelle,
Ranimant l'âme d'un éclat apaisé.

Le silence parle avec bien des nuances,
Un pas discret éclaire le chemin,
Dans l'étoffe d'un souffle en résonance,
Jaillit une force aux contours sereins.

Sans faste vain, sans besoin de lumière,
Un geste simple illumine le jour,
Une étreinte douce dissipe la pierre,
Déposant sur le monde un souffle d'amour.

Le Murmure des Mains Invisibles

Un geste léger, une main qui rassure,
Un souffle échangé, les cœurs se capturent,
La douceur silencieuse, invisible et vraie,
Écrit sans un mot des liens de bienfaits.

Sous la brume épaisse, un soutien discret,
Un pas protégé, guidé sans excès,
Sans un son, l'attention se déploie,
Dans l'éclat voilé d'un soin que l'on voit.

Quand la pluie crépite, un abri surgit,
Un élan offert, sans qu'il ne soit dit,
Ces actes humbles, porteurs de clarté,
Éclairent en secret des âmes abritées.

À l'aube fragile, une présence sereine,
Un murmure doux, une chaleur certaine,
Les fils invisibles, tissés avec soin,
Dissipent les ombres et montrent le chemin.

Le Murmure Secret des Brises

Sous un ciel cristallin, voilé de doux secrets,
Un souffle imperceptible allège chaque peine,
Dans les ombres fuyantes, il glisse sans chaîne,
Réchauffant les âmes froides d'un élan discret.

Quand l'orage déferle et qu'éteint l'espérance,
Un éclat subtil apaise le fracas,
Comme une brise douce dissipant tout tracas,
Offrant à l'esprit las un abri de silence.

Ce geste intangible, chargé d'une force pure,
Soulève en douceur ceux que le silence emporte,
Tel un murmure fin qui par son charme exhorte,
À laisser dans chaque cœur un rêve qui perdure.

Sans faste ni couronne, son règne est souverain,
Semant sur son passage une paix bienfaitrice,
Inscrivant dans nos vies sa trace apaisante,
Un guide invisible qui éclaire le chemin.

Le Souffle des Silences

Sous l'éclat doux d'un regard apaisé,
Une main s'avance, sans besoin de mots,
Comme l'aube éclaire un sentier délaissé,
Elle ranime un cœur perdu sous les maux.

Le souffle léger d'un geste envolé
Efface le poids des ombres qui pèsent,
En silence, il berce l'âme accablée,
Et transforme l'obscur en trame de braise.

Un sourire naît, fragile, suspendu,
Mais dans sa lumière, un monde s'éveille,
Il pénètre l'esprit, secret et inattendu,
Et sème en douceur l'espoir qui sommeille.

Ainsi, chaque acte, sans éclat, discret,
Illumine l'ombre, attise la flamme,
L'âme s'élève, même dans son retrait,
Quand elle trouve en l'autre un écho, une lame.

Le Souffle Secret de l'Aube

Sous les cieux, un éclat naît sans bruit,
Un geste furtif, empreint d'un doux appui.
Un rayon discret trace un chemin secret,
Invisible, il guide, stable et muet.

Dans les tempêtes, une main se tend,
Elle allège les peines, calme le vent.
Sans parole, elle comble ce que l'âme réclame,
Une chaleur diffuse, comme une flamme.

Elle s'immisce dans les cœurs verrouillés,
Réchauffant l'espoir que l'on croyait brisé.
Elle ravive les promesses ensevelies,
Ouvre des chemins là où tout s'obscurcit.

Dans le silence, elle grandit sans fracas,
S'épanouissant là où le noir pesait bas.
Elle vit dans l'instant où tout semble figé,
Illuminant ce qui se croyait oublié.

Le Souffle Veillant

Sous la caresse d'une brise imperceptible,
Un geste feutré, une chaleur invisible.
Un regard apaisant qui dissipe les douleurs,
Un souffle léger qui soulage les cœurs.

Elle glisse tranquille, pareille à l'onde douce,
Calmant les âmes que la tristesse émousse.
Un pont ténu qui traverse les abîmes,
Un éclat discret relève ceux qu'on opprime.

Force invisible, qui répare sans un bruit,
Un fil subtil, reliant même dans la nuit.
Le partage germe, fragile mais sincère,
Ouvrant des chemins vers des cieux plus clairs.

Sans besoin d'éclat, ni faste apparent,
Un geste furtif, tendre et réconfortant.
Une flamme discrète, éclairant sans attendre,
Offerte sans mot, pour mieux réapprendre.

Le Souffle Voilé

Dans le regard posé, empreint de douceur,
S'éveille un reflet, fragile et serein,
Un souffle imperceptible allège les cœurs,
Semant sans un mot l'espoir au lointain.

La brise matinale frôle des mains calmes,
Un geste silencieux dissout les chagrins,
Lumière subtile, dans l'ombre tranquille,
Qui apaise en secret, dénouant les drames.

Quand la nuit descend et que tout s'endort,
Un souffle apaisant efface les douleurs,
Sans bruit, il éclaire l'obscurité d'or,
Et dans ce silence, il étreint les cœurs.

C'est là, dans ce calme où l'âme s'égare,
Qu'une lueur douce ravive les traits,
Sans attendre un retour, ni écho ni phare,
Elle trace un chemin, discret mais parfait.

Le Soupir Secret des Cieux Azurés

Sous un ciel lourd où la nuit se prolonge,
S'élève un chant discret, sans éclat ni nom,
Il ouvre ses bras, sans faste ni mensonge,
Et fait couler la paix, douce comme un don.

Sans quête de gloire, sans soif de fortune,
Il offre en silence un geste furtif,
Un souffle léger, qu'aucun bruit n'importune,
Calme les tempêtes et guide l'instinct vif.

Ce n'est ni la force, ni l'effort qui l'anime,
Mais un regard pur, dénué de rancœur,
Une lumière claire, invisible, sublime,
Qui apaise les cœurs alourdis de douleur.

Ainsi, tel un murmure en secret glissant,
Effleurant l'âme des êtres égarés,
Comme un souffle de mer, léger, caressant,
Il rend l'espoir aux cœurs longtemps brisés.

Les Lueurs des Âmes Unies

Sous un ciel brodé de silence,
Deux âmes se croisent en miroir,
Leurs chemins s'unissent en cadence,
Sous l'aile douce du soir.

Un seul regard perce l'invisible,
Les mots se dissolvent, inutiles,
Quand les cœurs, dans l'ombre paisible,
Éclairent des routes subtiles.

La main tendue sans frémissement,
Un souffle efface les douleurs,
Comme la brise au gré du vent,
Effleurant les promesses des fleurs.

L'obscurité cède à l'éclat,
Chassée par l'aube d'un sourire,
Le lien, secret, germe tout bas,
Dans l'espace d'un tendre empire.

Les Murmures Voilés de l'Aurore

Dans l'ombre des cœurs, un souffle se lève,
Un regard posé, doux reflet des rêves,
Le silence efface les douleurs passées,
Comme un voile fragile que l'aube a chassé.

Sous des cieux voilés, une main sans trace,
Offre une lumière aux âmes en disgrâce,
Un geste effleure les blessures fermées,
Et rend à la nuit des éclats effacés.

Un sourire brise l'obscur sans un bruit,
Offrant au chagrin un instant de répit,
Élan invisible, incroyable douceur,
Apaise l'orage, fait taire la clameur.

Ainsi s'écoule, discret, un souffle lent,
Qui guérit en silence, paisible et constant,
Il dépose aux cœurs une paix profonde,
Et laisse éclore la lumière sur le monde.

Les Secrets des Voiles Lumineux

Dans le secret d'un cœur qui doucement s'entrouvre,
Un souffle léger soulève les voiles,
Sans un mot, il apaise les âmes qui s'ouvrent,
Tissant des fils d'or sous l'éclat des étoiles.

L'ombre se dissipe à l'appel de sa main,
D'un geste humble, il dissout la froideur,
Le monde s'éclaire, trouve enfin son chemin,
Porté par l'éclat d'une douce lueur.

Son silence éclaire en mille reflets purs,
Effaçant les peines, adoucissant le jour,
Tel un ruisseau calme aux vagues d'azur,
Il dessine des traces où s'éveille l'amour.

Il veille en retrait, sans rien exiger,
Présence discrète aux gestes apaisants,
Il sème des lumières pour mieux guider
Ceux qui s'égarent et cherchent le levant.

Les Sentiers de l'Inaudible

Dans le silence, un cœur s'efface,
Invisible, il offre un éclat,
À travers l'ombre, il tisse et trace,
Des sentiers doux pour ceux d'en bas.

Sans rien attendre, il s'abandonne,
Souffle léger pour l'âme éteinte,
Sa force subtile se façonne,
Caresse discrète et sans étreinte.

Il se penche vers l'inconnu,
Par des gestes calmes, réconfortants,
Dissipant le mal, enfin disparu,
Réveillant l'aube en un instant.

Tel un ruisseau coulant sans fin,
Il donne sans bruit, sans éclat,
Ses actes murmurent au lointain,
L'ombre se dissout, la paix s'étend là.

Les Souffles Tissés d'Invisibles Lueurs

Sur un sentier d'éclats multicolores,
Les âmes se frôlent dans un doux secret,
Des gestes légers dévoilent sans effort,
Un fil invisible, mais sûr et discret.

Un sourire émerge, spontané, fragile,
Dans un regard, une flamme éclaire tout,
Comme une brise douce effleurant les cils,
Ranimant l'espoir là où règne le flou.

Dans l'ombre, une main se tend, silencieuse,
Offrant chaleur sans demande ni bruit,
Elle trace, paisible, une route précieuse,
Unissant les cœurs dans un accord inouï.

Sous le ciel nocturne, un murmure s'élève,
Chantant des liens qu'on devine à demi,
Une harmonie partagée, à la fois tendre et brève,
Changeant le monde d'un geste infini.

Les Veilles Silencieuses du Cœur

Dans l'ombre où la lumière glisse,
Un geste simple se répand,
Tel un murmure qui s'immisce,
Sans bruit, mais profondément.

La main légère, à peine tendue,
Frôle un autre, sans faire de bruit,
Elle porte, dans son âme éperdue,
La force douce qui s'anoblit.

Comme la brise aux soirs d'été,
Elle passe, effleurant les âmes,
Dispersant, dans son sillage léger,
Des éclats de paix et de flamme.

Dans ses liens subtils qui nous unissent,
Un monde secret se révèle,
Invisible, mais sans malice,
Là où l'esprit déploie ses ailes.

Les Veines d'un Souffle Serein

Sous l'aube nouvelle, un souffle léger,
Fait vibrer l'air d'une paix infinie,
Dans le silence, un regard partagé,
Sème des lueurs d'une tendre harmonie.

Un sourire éclaire un chemin secret,
Là où l'ombre dressait ses froides voiles,
Et soudain, le jour, en éclats feutrés,
Réchauffe l'âme d'un rayon d'étoiles.

Des gestes flottent, dansent sur l'eau pure,
Portant en silence des murmures doux,
Et la brise, délicate en nature,
Effleure les cœurs d'un souffle si flou.

Ainsi s'écoule un fleuve de clarté,
Sans attente ni besoin de retour,
Comme un murmure empreint de vérité,
Qui, dans son sillage, réveille l'amour.

Murmures d'Éclats Secrets

Un cœur qui console, une main qui soutient,
Un geste muet où l'ombre se dissout.
Sans un éclat, une lueur s'éteint,
Dans chaque élan, une douceur se noue.

Dans le silence, une lueur nous éclair,
Un sourire léger, sincère et vrai.
Les peines s'effacent, dissoutes dans l'air,
Des fils invisibles relient l'humanité.

Sans fardeau, proche du sentier humain,
Un souffle apaisant, promesse sereine.
Un mouvement doux traverse les chemins,
Brisant les murs, ravivant la veine.

Tel un écho qui murmure à l'infini,
Elle trace sa voie, paisible et sans bruit.
Chaque instant se pare d'un éclat subtil,
Et les cœurs en silence trouvent l'exil.

Remerciements

À mes parents, qui ont toujours cru en moi, merci pour votre amour inébranlable et votre soutien constant. Chaque mot écrit dans ce recueil est imprégné de la force que vous m'avez donnée.

Houa, ta présence attentive, ton écoute et tes retours bienveillants ont été une source précieuse d'inspiration et de motivation. Ton amitié m'accompagne, et je t'en suis profondément reconnaissant.

Bilal, merci pour ton soutien discret mais inestimable. Par ta présence silencieuse, tu m'as offert la sérénité nécessaire pour mener ce projet à bien.

Enfin, un merci tout particulier à toi, cher lecteur. En ouvrant ce recueil, tu donnes vie à ces poèmes. J'espère qu'ils sauront toucher ton cœur autant qu'ils ont touché le mien en les écrivant.

Avec toute ma gratitude.

9 782959 439803